Publications des « TEMPS NOUVEAUX » N° 1

A. HAMON

PATRIE
ET
INTERNATIONALISME

Première édition : 10.000 exemplaires

PRIX : 10 CENTIMES

VENDUE AU PROFIT DU COMITÉ D'ACTION POUR L'ÉDIFICATION
DE LA " VERRERIE OUVRIÈRE "

PARIS

Au Bureau des « TEMPS NOUVEAUX »
140, RUE MOUFFETARD, 140

1896

Clifton 20/3 1877

Monsieur

J'ai reçu votre lettre, No
138, adressée aux bureaux Non
revenus pour les exemplaires
de nos brochures qui vous
manquent.

J'envoie les indications
pour que vous soient en-
voyés tous les Nos qui vous
manquent.

Seulement, je dois vous aver-
tir que, par suite des erreurs
d'impressions, certaines
Numéros sont marqués deux
fois sur des brochures différentes
par suite manque le véritable
numéro, dont certains sont
comblés par des brochures
qui avaient paru avant
que j'ai pris l'habitude de
numéroter. — Il doit y avoir

M. le Conservateur
de la Bibliothèque Nationale
Paris
France

... une collection-type au
bureau du journal, si elle
n'a pas été égarée en mon
absence, on joindra à l'envoi
les brochures manquantes,
avec les indications propres
que votre service pourra s'y
reconnaître. Cordialement
pour les temps Nouveaux. [signature]
Hertford House, Clifton

PATRIE

ET

INTERNATIONALISME

Publications des « TEMPS NOUVEAUX — » Nᵒ 1

A. HAMON

PATRIE

ET

INTERNATIONALISME

« Amicus Plato, sed magis amica veritas. »

PRIX : 10 CENTIMES

*VENDUE AU PROFIT DU COMITÉ D'ACTION POUR L'ÉDIFICATION
DE LA " VERRERIE OUVRIÈRE "*

PARIS

Au Bureau des «. TEMPS NOUVEAUX »
140, RUE MOUFFETARD, 140

1896

A

GABRIEL DE LA SALLE

*en témoignage d'une très vive
sympathie pour l'homme et le
penseur, cet opuscule est dédié.*

A. HAMON.

PRINCIPAUX OUVRAGES DU MÊME AUTEUR

————

Dell' uso dei tubi di piombo per la condotta delle acque alimentari; Piacenza, 1889. — Traductions polonaise et espagnole.

L'Agonie d'une société, 1889.

France sociale et politique, 1890 et 1891.

De la définition du crime; Lyon, 1893. — Traductions portugaise, espagnole et anglaise.

Psychologie du militaire professionnel; Bruxelles, 1894; Paris, 1895. — Traductions italienne, allemande et espagnole, sous presse.

Psychologie de l'anarchiste socialiste; Paris, 1895.

Je prie les auteurs, éditeurs de tous imprimés relatifs au socialisme, ou toute autre personne, de bien vouloir m'en envoyer un exemplaire au moins à mon domicile, 132, avenue de Clichy, à Paris. Ces livres, brochures, journaux, placards, affiches, feuilles volantes quelconques, chansons, dessins, etc., se rattachant au collectivisme, au communisme, à la social-démocratie, à l'anarchisme, au mouvement ouvrier, etc., en toutes langues, seront utilisés pour des études sociologiques.

A. HAMON.

PATRIE

ET

INTERNATIONALISME[1]

Tout le monde, en toute l'Europe, parle de patrie et nul ne peut nettement expliquer l'idée que ce mot doit exprimer. La confusion la plus grande règne. Cependant une religion, le patriotisme, a été engendré. Comme dans toutes les religions, l'objet du culte est fort vaguement défini; il ne l'est même point. C'est un sentiment flottant, imprécis, apparaissant flou, embrouillardé. Nul fidèle de cette religion n'a de son dieu une conception précise, nette, claire. Il sait seulement que le patriotisme oblige à une certaine solidarité entre gens de même patrie. C'est la seule certitude qu'il ait. Quant à la nature de la patrie, à sa composition, à son essence, il l'ignore. C'est chez lui un sentiment vague, très vague, un je ne sais quoi de confus, d'imprécis.

Il semble toutefois que, sous le nom de patrie, on parle communément d'une certaine unité territoriale, conventionnellement déterminée, variable au gré des mille influences sociales. Des lignes fictives, sur des cartes tracées, souvent sans motif autre que la volonté de certains individus plus ou moins nombreux, enclosent un certain territoire et cela est dénommé une patrie. Le patriotisme veut que tous les gens de cette patrie soient solidaires. Ces lignes fictives, bien loin d'être éternelles, sont essentiellement

---

[1] Conférence faite à Nantes, le 21 août 1893.

modifiables et fréquentes fois modifiées. Une guerre entre princes ou gouvernants de patries voisines, des traités entre rois, agrandissent ou diminuent ces patries. Tel né en une patrie et vivant en icelle se trouve, — grâce à des événements auxquels il ne participe point — à un moment donné, vivre en une autre patrie, et cela sans avoir changé sa région d'habitat. Il exerce toujours la même profession, il vit toujours au même endroit, au milieu de mêmes gens, sous le même climat, il parle toujours la même langue, mais il est Français au lieu d'être Belge, Anglais au lieu d'être Français. Sa patrie a changé! Il en a été ainsi décidé par d'autres que par lui, par un certain nombre d'hommes, peut-être même par un seul, roi, empereur ou tsar.

Il suffirait de considérer la patrie dite française, depuis 1600 par exemple, pour voir combien elle a varié. Des gens s'endormaient, le soir, Italiens ou Belges et se réveillaient Français; d'autres étaient Français et devenaient Anglais. Leur patrie était changée parce que des hommes qu'ils ne connaissaient point s'étaient battus et avaient traité ensemble. Un jour, ils étaient solidaires d'un groupement et ennemis d'un autre, le lendemain ils devenaient solidaires de cet autre et ennemis du premier.

Avouons avec Pascal que rien n'est plus plaisant, c'est-à-dire plus absurde que cela. Pourtant cette absurdité est.

De la variabilité de l'unité territoriale est résultée une conception fort confuse, vague, ennuagée de la patrie, car c'est sur cette unité qu'on a voulu baser ce concept.

*
* *

L'idée vague, floue de la patrie n'a point satisfait les esprits lucides, clairs, scientifiques, qui ont cherché à préciser.

Le concept patrie présuppose certainement une certaine collectivité d'êtres unis, solidaires. Nous ne pensons pas qu'il en puisse être autrement. Mais; cela étant admis, dans quelles limites territoriales sont compris ces individus solidaires? A quel endroit commence-t-on à être solidaire? A quel autre endroit cesse-t-on de l'être? Comment tracer ces frontières de solidarité entre gens inclus dans icelles?

D'aucuns ont cherché à répondre à ces questions et ont tenté de définir la patrie : lieu où l'on est né. La définition est claire, nette; l'idée est précise. Seulement le territoire où s'exerce la solidarité est de superficie très restreinte, si restreinte que, par patriotisme en ce cas, seuls seraient solidaires entre eux ceux qui sont nés dans le même hameau, le même village, la même ville. Ils ne seraient pas plus liés à ceux nés dans le village voisin qu'à ceux nés sur d'autres continents. En acceptant cette précise définition, on n'est pas Français, pas Anglais, pas Allemand, pas Italien, on est Brestois, Londonnien, Munichois, Napolitain. Aucune raison patriotique n'oblige alors le Brestois à être solidaire du Nancéien, du Lillois, du Bordelais, pas plus qu'à être solidaire du Jerseyais, du Bruxellois, de l'habitant de Cologne ou de Breslau. Ils sont de patrie différente, ils ne sont pas solidaires.

On le voit, la conception : Patrie, lieu où l'on est né, est en contradiction avec l'idée vague communément exprimée par le mot patrie, car, d'après elle, le Malouin est solidaire du Lillois et du Marseillais, fort éloignés de lui, et ne l'est pas du Jerseyais, qui est tout proche; le Niçois est solidaire du Havrais et ne l'est pas du Génois, son voisin.

*
* *

Maintes personnes ont essayé de baser la patrie sur la communauté des mœurs, des coutumes, de la langue. En acceptant cette définition, on constate que le territoire où vivent les individus solidaires est de superficie plus grande que dans le cas précédent. L'idée, tout en étant claire, a moins de précision que lorsqu'il s'agit du lieu de naissance. En effet, dans un même lieu, sur un même territoire, les mœurs varient plus ou moins suivant les classes, les professions, les castes. Quand on dit communauté de mœurs, de coutumes, il faut donc entendre communauté de certaines mœurs, certaines coutumes et non de toutes. Il faut comprendre qu'il ne s'agit que des caractères communs unissant les individus habitant un territoire, déterminé par cette communauté même. Nous pourrions répéter même chose pour la langue, car il n'y a pas identité de langue entre gens de classe, caste ou profession différente, habitant une même région. Il ne peut s'agir, là encore, que de certains caractères communs, certaines similitudes d'expression des pensées et des sentiments.

Malgré cette imprécision du concept patrie, basé sur la communauté de mœurs, de coutumes et de langue, nous pouvons l'admettre. On constate alors qu'un tel concept est en contradiction avec l'idée vague communément exprimée par le mot patrie.

En effet, la communauté de mœurs, de coutumes et de langue est bien plus intime entre les Bretons de France et les Gallois de Grande-Bretagne qu'entre ceux-là et les Provençaux, les Niçois, les Corses, les Lorrains. Il y a plus de similitude de caractère, de mœurs, de coutumes entre les Alsaciens et les Badois qu'entre les Alsaciens et les Gascons ou les Béarnais. Des rapports plus intimes de mœurs et de langue lient les Roussillonnais aux Catalans, les Niçois aux Génois, les Flamands de France aux Flamands de Belgique qu'aux Bretons, aux Normands, aux Bourguignons, aux Berrichons, aux Poitevins (1).

Il devrait donc y avoir solidarité patriotique entre Bretons et Gallois, entre Niçois et Génois, entre Alsaciens et Badois, et non entre Bretons et Alsaciens, Niçois et Poitevins, Gascons et Normands. Si cela était, ce serait contraire à la vague idée que l'on se fait de la patrie.

Il résulte de là que la patrie, qui peut satisfaire à l'imprécis sentiment qui a cours aujourd'hui, n'est dé-

---

(1) Ces similitudes et ces différenciations de mœurs, de coutumes, de langues sont aisément constatées lorsqu'on voyage ou lorsqu'on lit des relations de voyage, des ouvrages relatifs aux mœurs et coutumes de contrées différentes.

terminée ni par le lieu de naissance, ni par la communauté de mœurs, de coutumes, de langue.

La patrie est-elle alors déterminée par la communauté d'intérêts qui crée la solidarité entre les individus? Une analyse des phénomènes sociaux montre que, dans un même territoire dénommé patrie, les intérêts sont rarement communs, souvent antagonistes. La patrie basée sur la communauté d'intérêts serait de superficie bien plus restreinte que les territoires communément qualifiés patrie. A peu de chose près, le sol où les intérêts sont communs est celui où les mœurs, les contumes et la langue sont communes.

Dans une patrie comme la patrie française actuelle, les intérêts sont discordants suivant les régions. Tel district agricole est protectionniste, tel autre commerçant est libre-échangiste. L'adoption d'un de ces systèmes ruinera plus ou moins un des districts. Telle région productrice de betterave est opposée à l'entrée libre des sucrés de canne réclamée par telle autre région. Combien d'autres faits similaires ne pourrions-nous citer? Ils apparaissent en pleine lumière lorsqu'on lit les discussions parlementaires entre libre-échangistes et protectionnistes. On voit aisément l'antagonisme des intérêts entre provinces éloignées, souvent même entre localités voisines adonnées à des travaux différents. Pour qui étudie les conditions économiques de la France par exemple, il est flagrant que certaines régions ont plus d'intérêts communs avec certaines régions d'une autre patrie, qu'avec d'autres régions de la France (1).

Si, au lieu de considérer les diverses parties territoriales d'une patrie, on considère les diverses classes sociales vivant en cette patrie, on trouve encore des intérêts beaucoup plus discordants que concordants, alors que ces intérêts sont concordants avec ceux des

____

(1) Consulter *La France sociale et politique*, années 1890 et 1891.

individus de même classe sociale vivant en d'autres patries.

Il n'est en effet douteux pour personne que le prolétaire français a plus d'intérêts communs avec le prolétaire allemand, anglais ou italien qu'avec le possédant français. Une communauté d'intérêts existe plus intime entre le financier de France et le financier d'Angleterre qu'entre ceux-ci et le paysan de leurs respectives patries. La communauté des intérêts est plus grande entre militaires professionnels de patrie différente qu'entre ces militaires et des ouvriers de leur propre patrie (1).

Donc, la patrie telle que communément on l'envisage n'est point déterminée par la communauté d'intérêts.

*
* *

N'étant basée ni sur le lieu de naissance, ni sur la communauté de mœurs, de langue ou d'intérêts, la patrie ne reposerait-elle pas seulement sur l'intérêt purement individuel?

Avec Aristophane et Euripide doit-on dire : « Où je vis bien c'est la patrie »? Avec Merlin Coccaie doit-on « penser que nous ayons autre terrain que celui que nous traînons après nous attaché à nos souliers »? Doit-on être de la même opinion que Paul-Louis Courier qui écrivait : « La patrie est où l'on est bien : si mon bonheur est à Rome, il est clair que je suis Romain»?

S'il en est ainsi, c'est la négation absolue de la patrie telle que, coutumièrement, on l'entend. Il n'y a solidarité que si l'intérêt individuel la réclame; la collectivité ne joue plus aucun rôle. L'individu est solidaire avec d'autres s'il juge de son intérêt de l'être; il ne l'est pas s'il estime qu'il vaut mieux pour lui ne pas

---

(1) Il n'est pas sans intérêt d'en donner une preuve en citant des paroles du général baron Frédéricks, attaché militaire à l'ambassade russe en France. Dans une allocution terminative des manœuvres françaises en 1891, au nom de tous ses collègues les attachés militaires étrangers — et parmi eux des Allemands — il dit : « Notre présence ici est une preuve de la *solidarité qui nous unit tous* dans l'étude de notre beau métier des armes. » (*Psychologie du militaire professionnel*, p. 25; Savine, éditeur, Paris, 1893.)

l'être. Il agit toujours au mieux de ses intérêts personnels sans tenir compte des intérêts des autres membres de la collectivité. Aucune raison patriotique ne l'oblige à en tenir compte, car cette base de la patrie étant donnée, l'individu est à lui-même sa propre patrie ; il n'est pas tenu à la solidarité avec autrui. Il agit, ayant en vue lui et rien que lui. La notion de territoire, de quelconque communauté avec d'autres individus n'existe point, l'intérêt personnel prime tout.

Sa patrie est où il est bien ; il l'emporte avec lui à la semelle de ses souliers. Aujourd'hui il est Romain, demain il sera Anglais, après-demain Allemand ou Français suivant son intérêt. Il n'est pas besoin qu'il quitte une région donnée pour ce changement. Il lui suffit d'agir suivant son intérêt seul, sans se soucier de l'intérêt des individus ses voisins.

Ils abondent les faits qui illustrent cette conception de la patrie, car elle est celle de tous les possédants en tous les pays.

Le commerçant qui achète et vend des produits étrangers concurrençant ceux de sa patrie ne s'occupe point s'il nuit à des gens de même patrie que lui. Son intérêt seul le guide. Sa patrie, c'est son intérêt.

L'industriel qui emploie des ouvriers étrangers parce qu'ils exigent un salaire moindre, agit conformément à son intérêt et nuit à des individus de même patrie. Sa patrie, c'est son intérêt.

Le financier qui spécule à toutes les Bourses, qui agiote sur tous les fonds, préjudicie ceux de sa patrie imperturbablement, car pour lui la patrie est son intérêt personnel,

L'agriculteur, qui fait imposer les produits étrangers, nuit aux individus de sa patrie, car il les oblige ou à se priver de ses produits ou à en réduire l'usage. Pour lui, la patrie est son intérêt personnel.

L'inventeur, qui vend à l'étranger son invention utile ou nécessaire à la défense nationale, lèse les individus de la même patrie que lui. Il a pour patrie son seul intérêt.

Le possédant, directeur, administrateur, actionnaire d'une société industrielle, commerciale ou finan-

cière qui vend des canons, des cuirassés, des obus,
des poudres, qui prête de l'argent à des patries étrangères, n'agit pas en patriote, mais en individu sou-
cieux de son seul intérêt. Sa patrie, c'est son intérêt (1).

La plupart des faits quotidiens le prouvent : les
hommes ont pour patrie le lieu où ils sont bien ; leur
intérêt est leur patrie, et leur patriotisme consiste à
agir au mieux de leur intérêt.

Cette conception, négatrice de solidarité, qui est
négatrice de la vague notion de patrie communément
répandue, est réellement celle de la masse humaine ;
ce n'est que par phraséologie vide que cette masse
use de la notion si vague de patrie, comprenant la solidarité entre gens habitant une unité territoriale donnée.

*
* *

Selon l'imprécise notion que l'on peut avoir de la
patrie, est patriote celui qui est convaincu de la su-
périorité de sa patrie sur celle d'autrui, qui aime sa
patrie jusqu'à la mort et qui, par logique conséquence,
hait les autres patries. Comme l'a justement écrit Voltaire, « être bon patriote, c'est souhaiter que sa patrie s'enrichisse par le commerce et soit puissante par
les armes. C'est souhaiter du mal à ses voisins. »
Être patriote, c'est vouloir sa patrie grande et forte,
c'est-à-dire plus grande et plus forte que les patries
voisines. S'il y a eu rupture de l'unité territoriale et
formation d'une nouvelle unité, être patriote, c'est
vouloir la revanche pour retrouver l'ancienne unité,
aussi conventionnelle que la nouvelle ; la revanche
pour satisfaire ce quelque chose d'indéfini et d'indéfi-
nissable que l'on nomme l'honneur. Or, la revanche,
c'est la guerre avec son mortuaire cortège, ses ruines
innombrables, ses crimes horribles.

Ainsi que l'écrivit M. François Coppée: « Notre
désir d'une revanche est absurde, au fond. »

N'est-ce point absurde, en effet, que de voir tous
les patriotes de tous les pays vivre avec cette seule

______

(1) Consulter *Ministère et Mélinite, L'Agonie d'une Société,*

idée de revanche? Il n'est pas de patrie qui, dans le cours des siècles, n'ait été modifiée, n'ait été vaincue. Tous les patriotes de toutes les patries doivent donc avoir l'intense désir d'être victorieux, de remodifier à leur profit leur patrie. Alors ce sera une éternelle guerre et une éternelle préparation à la guerre! Résultat absurde, contraire à toute raison humaine.

L'Anglais haïssant le Français, l'Ecossais haïssant l'Anglais, le Français haïssant l'Allemand, l'Italien haïssant l'Autrichien, et tous appétant au jour où ils s'entre-tueront, s'incendieront, se voleront, se violeront! Quel bel idéal! Et c'est l'idéal du patriotisme, de ceux qui proclament la guerre nécessaire, de ceux qui s'érigent en soutiens de la paix armée. Vraiment, devant un tel idéal, ne pourrait-on répéter avec l'illustre Johnson: « Le patriotisme est le dernier refuge d'un scélérat »?

La paix armée exige d'innombrables armées permanentes qui ruinent les nations. Quelques chiffres ne seront point de trop. Dans une brochure fort bien faite : *Pourquoi nous sommes internationalistes*, le groupe des étudiants socialistes, révolutionnaires, internationalistes a montré que le système militariste diminue la capacité productive d'une nation de 1/8. En dehors de cette cause de ruines, il y a encore celle très importante provenant de l'entretien des armées permanentes, des armements gigantesques.

En France, le budget de la défense nationale en 1891, comprenant l'armée, la marine, l'armement, a atteint, d'après les chiffres officiels, 1.138.823.910 francs! En Italie, la dépense annuelle ordinaire dépasse 400 millions. L'Allemagne, de 1872 à 1889, a dépensé plus de 12 milliards pour sa défense nationale. La France a dépassé ce chiffre. Toutes les puissances ont été entraînées sur cette pente : toutes ont des dépenses énormes, toutes ont des armées permanentes qui, pour l'Europe, s'élèvent au total de 3.500.000 hommes! La France seule en a 572.000, l'Allemagne 500.000, la Russie 782.000, etc.

La fureur d'armement est telle que dans un délai de 17 ans, de 1875 à 1892, l'augmentation du budget de la défense nationale a été pour l'Allemagne de 137 0/0, pour l'Italie de 92 0/0, pour la France de 84 0/0, pour la Russie de 79 0/0, pour l'Angleterre de 37 0/0 (1).

Donc, le régime de paix armée, avec ses armées permanentes, ses armements gigantesques dérivant les forces humaines vers la production d'instruments de mort, ruine-les patries matériellement. Cela ne suffit point, car il les affaiblit physiquement, moralement, grâce à ses armées.

L'armée est un milieu d'expansion de l'alcoolisme, de la syphilis et il en résulte une dégénérescence pour ceux qui en font partie et pour leurs produits. L'armée est école d'immoralité, de démoralisation, de misère, de crime. Les faits sont trop nombreux pour que nous en citions même un seul. Les travaux des Corre, des Boyer, des Colajanni, de nous-même, etc. (2), des enquêtes de toute sorte ont péremptoirement prouvé l'influence nuisible, tant au point de vue psychique que physique, du système des armées permanentes.

Donc, si l'on considère le patriotisme et la patrie en se plaçant à un point de vue philosophique, si on les examine scientifiquement, froidement, sans se laisser emporter par la passion, on constate que ces idées sont génitrices de haine des hommes, productrices de ruines matérielles, physiques et psychiques.

En se plaçant au point de vue de l'humanité, on voit aisément que cette vague notion de la patrie engendre des phénomènes en opposition avec les intérêts de cette humanité, de la généralité des hommes.

*
* *

Au contraire, si l'on examine cette question de la patrie et du patriotisme en considérant seulement les intérêts de certaines castes ou classes, on s'aperçoit qu'alors l'idée nuageuse de patrie est parfaitement conforme aux intérêts de ces classes, de ces castes.

---

(1) Consulter *L'Europe en armes*, *L'Agonie d'une Société*.
(2) Consulter la *Psychologie du militaire professionnel*, *Militarisme*, etc.

L'homme a besoin d'un idéal, tous les phénomènes le prouvent; cet idéal, il peut le trouver dans une religion d'un Dieu plus ou moins vaguement défini; il peut le trouver dans une religion d'une patrie plus ou moins vaguement déterminée; il peut le trouver dans une religion dont l'objet est l'humanité.

L'idée de Dieu est morte ou se meurt; même en les pays où elle est encore vivante, nombre d'indices prouvent que, sous les efforts du libre examen, des savants, elle s'effrite et ne peut tarder à disparaître. A cette œuvre vigoureusement travaillèrent tous les penseurs des seizième et dix-huitième siècles, ces siècles illustres et forts.

L'humanité n'est une religion que pour une minorité qui désire le bien-être, le bonheur pour tous, le perfectionnement de plus en plus grand de l'individu, la solidarité de plus en plus forte entre tous les humains, sans souci des différenciations qui entre eux peuvent exister.

Au nom de l'idée de Dieu, des castes maintinrent pendant de longs siècles d'autres castes dans un esclavage variable en sa forme et en son intensité. Aujourd'hui, ce résultat, prédominance d'une classe sur d'autres, ne peut être obtenu par l'idée de Dieu. Alors, certains visant leur intérêt, la classe bourgeoise, la classe des possédants des richesses foncières et mobilières, a imaginé, pour maintenir sa domination sur la classe prolétarienne des non-possédants, d'user de l'idée de patrie.

Elle a créé avec ce mot un idéal vague, nuageux d'intégrité territoriale, de suprématie sur les autres patries. Cet idéal à atteindre de suprématie sur les autres patries, de maintien de l'intégrité territoriale conventionnelle, a nécessairement provoqué l'idée de revanche quand il y avait eu défaite. A son tour, l'idée de revanche a fatalement amené l'existence des armées permanentes, qui, nous l'avons vu, ruinent les peuples.

Les prolétaires n'ont point perçu que cet idéal, qu'on leur inculquait peu à peu, dès l'école, par une habile éducation, était en opposition avec leurs intérêts.

Ainsi que l'a dit Voltaire, « dans une patrie un peu

étendue, il y a souvent plusieurs millions d'hommes qui n'ont point de patrie ». Les prolétaires, eux qui sont sans sol, sans biens, sans rien de matériel qui les attache à un lieu plutôt qu'à un autre, n'ont pas compris que l'idéal très confus de patrie n'avait aucun intérêt pour eux. Que leur importe la patrie? Ne peuvent-ils répéter avec La Bruyère : « Que me servirait comme à tout le peuple... que ma patrie fût puissante et formidable, si triste et inquiet j'y vivais dans l'oppression? » Ils vivent dans l'oppression aussi bien dans la patrie française que dans la patrie anglaise ou dans la patrie allemande. Que leur fait d'être gouvernés et exploités par les uns ou par les autres, s'ils sont toujours exploités?

Payer l'impôt à Guillaume II ou à Victoria ou à Humbert ou à la République française, qu'importe si on paye toujours? Que le propriétaire de l'usine soit allemand, anglais, russe ou espagnol, qu'importe à l'ouvrier qui travaille en icelle? il reçoit toujours le même salaire et subit toujours les mêmes volontés patronales.

En fait, la patrie est rationnellement indifférente au prolétaire. C'est réellement un sans patrie qui partout souffre, peine et geint pour d'autres qui jouissent et se reposent. Il peut dire avec La Bruyère : « Il n'y a point de patrie dans le despotique ; d'autres choses y suppléent, l'intérêt, la gloire, le service du prince. » Pour le prolétaire, ces autres choses n'existent point dans le despotique et rien ne supplée à la patrie, ne lui constitue une patrie.

Il a pourtant accepté la vague notion de patrie, et il suit le culte patriotique desservi par les prêtres bourgeois. Les prolétaires n'ont pas perçu que de nos jours, le conquérant — j'entends en Europe et en Amérique — ne peut plus réduire en esclavage les vaincus, déposséder les conquis de leur personnelle propriété, les transporter loin de leur lieu de naissance, leur supprimer les garanties dérivant des lois, leur faire abandonner leur langue, leur changer leurs coutumes et leurs mœurs. La vie d'un Canadien avant et après la conquête anglaise se différenciait peu ; la vie d'un Alsacien avant et après la conquête allemande était quasi-similaire. Il conservait ses mœurs, ses coutumes, et si les lois étaient modifiées, certaines l'étaient en bien, compensant celles qui l'étaient en mal. La langue même n'était point atteinte et encore aujourd'hui, au Canada, depuis plus de cent ans devenu anglais, la langue française se maintient et progresse. Un peuple fort, vivace, peut être vaincu par un autre, mais non absorbé par le vainqueur. Souvent même le vaincu plus robuste, plus nombreux absorbe le vainqueur, tels les Chinois absorbant les Mandchoux.

La masse prolétarienne n'a donc aucun intérêt à être patriote, à rendre un culte à cette entité indéfinie, embrouillardée qu'est la patrie. La masse bourgeoise et possédante a un intérêt direct, visible à faire rendre ce culte par les prolétaires tout en s'abstenant elle-même, bien entendu. Elle a réussi. Aussi nous voyons, grâce à la patrie, fleurir les armées permanentes où le prolétaire trouve un excellent milieu de culture pour sa servilité, survivance de millénaires de servitude. Grâce à l'alcoolisme, à la syphilis, les hommes dégénèrent et en eux s'éteint toute révolte, cette promotrice de tout progrès. Leur énergie s'atrophie; ils apprennent à se laisser vivre, et, retournés dans la vie civile, ils y apportent les coutumes serviles du militarisme. Ils se résignent et d'autant plus aisément qu'ils ont une intuitive conscience que l'armée aiderait à les ramener à la résignation, s'ils tentaient de se révolter. L'armée a pour but l'ordre intérieur (1), pour prétexte la défense extérieure. Tout concorde donc pour que la notion de patrie avec ses fatales conséquences — armée permanente et ses suites nécessaires — soit utile à la classe possédante en aidant au maintien de l'exploitation de la classe prolétarienne.

* *

L'idée de patrie présuppose la solidarité, l'union, l'association entre individus. L'idée de patrie impli-

---

(1) Cela fut avoué par maints défenseurs des possédants, entre autres par M. Eugène d'Eichthal, page 246 de *Souveraineté du Peuple et Gouvernement.*

que l'idée de collectivité; en effet, nous ne pouvons concevoir et nous ne pensons pas que quelqu'un puisse concevoir la patrie réduite à un individu. La patrie est donc un ensemble d'êtres, une résultante dont les composantes sont des individus. Pour que ces individus se composent entre eux et donnent naissance à la résultante-patrie, il faut des caractères communs, une relation de nature quelconque unissant, associant ces individus entre eux. Nous ne pouvons concevoir des êtres sans communs caractères s'agrégeant entre eux, se composant pour engendrer une association, une collectivité, une résultante-patrie.

Ces premiers caractères communs furent certainement le lieu de naissance ou plutôt le groupement au milieu duquel l'être naissait et se développait. La première patrie fut la horde, la tribu, le clan. La vie en commun développe une communauté — accrue encore par les liens du sang — de mœurs, de coutumes, de langue, de sensations, de sentiments qui rend solidaires les humains les uns des autres. Ils sont les membres d'un même corps, agrégat d'individus. Aussi, dans la horde, la tribu, le clan, ils se sentent solidaires les uns des autres.

Relativement aux tribus voisines, ils se sentent différents, presque de nature autre, vivant éloignés, n'ayant de contact que pour la dispute, la guerre. Mœurs, coutumes, langues, sentiments et sensations sont dissemblables. Elles sont l'étranger, l'ennemi. La patrie est la horde, la tribu, le clan seul.

Peu à peu, avec le temps, l'homme passant de l'état de chasseur à l'état de pasteur et de celui-ci à l'état d'agriculteur, la cité se forma.

Alors la patrie fut cette cité. L'étranger, l'ennemi fut celui qui n'était pas de la cité. Le nombre de gens participant de caractères communs s'est accru; la solidarité s'étend sur une aire plus grande, mais son intensité a diminué, car des classes et des castes se sont séparées dans la cité. La patrie existe plus grande, plus ample, mais le sentiment patriotique est moins puissant, car on a moins besoin d'être solidaire.

De la civilisation naissent sans cesse de nouveaux

besoins; aussi le commerce se développe; et, par suite, se multiplient les contacts entre cités voisines. On se connaît mieux, on se hait moins, même on s'aime. Les différenciations des mœurs s'atténuent; les langues se pénètrent mutuellement; les intérêts se solidarisent en quelques occasions; l'alliance, puis l'union se fait.

Le petit Etat est né; une nouvelle patrie en résulte, plus grande de territoire, plus nombreuse d'hommes. Dans cet Etat, les mœurs, les coutumes, les langues, les sentiments tendent à s'unifier, à devenir semblables au Nord comme au Sud, à l'Est comme à l'Ouest. La solidarité diminue d'intensité.

De l'extension des connaissances humaines, du commerce, de l'industrie naissent de nouveaux besoins qui entraînent à des voyages, à des rapports fréquents avec l'étranger. Des guerres résultent des contacts entre peuples ennemis, des chevauchées en des régions étrangères. Les peuples se pénètrent mutuellement, tendent à se différencier de moins en moins. Des alliances et des unions se font. Par elles, l'agrégation des petits Etats en de grands s'accomplit, et aussi par conquêtes.

Une nouvelle patrie est née. Elle est plus grande superficiellement que toutes les précédentes; elle contient plus d'individus que toutes les précédentes. La solidarité embrasse un p.us grand nombre d'êtres, mais elle est moins intense. Tous les hommes de cette patrie n'ayant pas de rapports quotidiens entre eux, ne vivant pas en le même lieu, ne se connaissent point, ne se sentent point exactement semblables entre eux, bien que les différenciations se soient considérablement atténuées. Le lien de solidarité existe, mais, embrassant plus d'êtres, il est plus lâche.

Nous en sommes actuellement à ce stade de l'évolution, et déjà se dessine vigoureusement le processus qui conduira l'humanité à l'internationalité ou union des nations et ensuite vers un état tendant sans cesse à l'uniformité entre tous les humains.

Actuellement, en nos grandes patries, tout tend à l'internationalité, c'est-à-dire à la solidarité entre les nations, à l'amour des hommes, quels que soient leur lieu de naissance, leurs mœurs.

En effet, l'humanité s'efforce vers une homogénisation de plus en plus grande. A ce but concourent
toutes les découvertes de l'esprit humain. Les télé-
graphes, les téléphones cerclant le globe de leurs multiples fils; les chemins de fer sillonnant la terre en
tous sens; les navires parcourant les mers; la bicy-
clette même née d'hier; la voiture à vapeur qui
essaie encore ses premiers pas; le ballon dirigeable
qui demain volera dans les airs, tout cela en dimi-
nuant les distances, en faisant pénétrer les peuples
les uns chez les autres, supprime les frontières, fait
disparaître les différences, assimile les dissemblables.

Les idées s'échangent; les livres, les revues, les
journaux ne restent point en leur patrie d'origine;
traduits ou en leur propre langue, ils vont en tous
lieux porter mêmes pensées. L'Européen d'il y a deux
siècles ne s'intéressait point à ce qui se passait en
Chine, et aujourd'hui nous nous y intéressons. Nos
journaux nous donnent des télégrammes sur ce qui se
passe en Australie, dans le sud-Amérique, auxquels
nos arrière-grands-pères n'auraient pris aucun intérêt.

Aujourd'hui, grâce au commerce, à l'industrie, un
habitant de Bordeaux ou de Saint-Malo est plus affecté par ce qui se passe à Rio-Janeiro ou à Terre-
Neuve que par ce qui se passe à Carpentras ou à Lan-
derneau. Un événement européen retentit en Amérique, provoque un phénomène qui affecte l'Australie,
et de là résulte un nouveau retentissement en
Europe.

Si l'on considère les arts, les sciences, les lettres,
le même phénomène se montre. L'échange en est de
plus en plus fréquent; les rapports des artistes, savants,
littérateurs sont de plus en plus nombreux au delà
des frontières.

La littérature française est influencée par les Rus-
ses, Tourguéneff, Tolstoï; par les Scandinaves, Ib-
sen, Bjornson, et elle va influencer les littératures
espagnole, anglaise. Nos peintres enseignent aux
Anglais, aux Américains, et nos impressionnistes sont
des produits plus ou moins éloignés de Turner. Aux
laboratoires de nos chimistes et de nos physiciens

viennent étudier les savants de tous pays, et les nôtres vont aux laboratoires des autres patries.

Il y a en ces échanges mutuels un tel enchevêtrement que la part due à chacun est difficile à déterminer. Peu importe d'ailleurs, car l'œuvre d'homogénisation, d'amour s'accomplit, sous ces multiples causes. En l'immense laboratoire terrestre s'élabore peu à peu l'union de tous les peuples, l'amour de tous les hommes sans distinction.

A cette œuvre que préconisait Jésus en prêchant que tous les hommes étaient frères, à cette œuvre que prédisait Littré en écrivant que l'avenir était au cosmopolitisme, qu'affirmait Chevreul en disant : « Les nations sont destinées à se fondre pour n'en plus faire qu'une grande qui abattra les frontières », à cette œuvre, dis-je, travaillent même l'armée, la finance. L'armée, en réunissant des hommes de lieux, de classes, de castes différents, influence les uns par les autres, les assimile. La finance, en accroissant les relations entre peuples, en provoquant à des travaux en des pays étrangers, rend les hommes moins dissemblables. Et ces puissances, par tant d'autres côtés nuisibles, concourent au développement de l'internationalisme qui, en étendant la solidarité à tous les hommes, provoquera la disparition des armées, et par conséquent du système capitaliste, incluant la finance.

L'internationalisme, c'est la doctrine préconisant l'union de tous les peuples; voilà le but lointain vers lequel l'humanité s'efforce; mais, avant, il faudra passer par l'union de tous les peuples d'un même continent, puis l'union des peuples de même espèce, et, enfin, l'union de tous les hommes, indépendamment des races, des espèces.

Le processus des phénomènes sociaux amènera inéluctablement l'internationalité; toutes les phraséologies déclamatoires ne changeront rien à cela. Etre partisan de l'internationalisme ou internationaliste, c'est vouloir que l'amour unisse tous les hommes, au lieu de voir la haine les séparer; être internationaliste, c'est demander l'union entre les nations, ce n'est pas demander l'absorption de quelques-unes par d'autres plus nombreuses, plus puissantes.

Si une tendance décelée par les phénomènes sociaux est celle de l'homogénisation des peuples, l'examen de ces mêmes phénomènes sociaux montre aussi une tendance à l'hétérogénisation.

Les hommes tendent à conserver, à développer leur individualité en même temps qu'ils tendent à absorber, à englober les individualités voisines. Il en est de même des nations, agrégat d'individus. Influences sociales, climatériques et telluriques agissent suivant leur nature dans ces deux sens. Ainsi les ambiants cosmiques, obligeant à des alimentations différenciées, maintiennent les dissemblances, tandis que le commerce et l'industrie, permettant des alimentations semblables en des lieux différents, poussent à l'homogénisation.

On comprend que les conditions climatériques, telluriques, sociales, etc., ne peuvent être en tous lieux les mêmes : il y aura donc des différences entre gens vivant en des lieux divers. Elles iront s'atténuant dans l'avenir comme elles ont été s'atténuant dans le passé, nul n'en doute, mais longtemps, peut-être même toujours, elles existeront. L'internationaliste n'en est point tristement affecté, car peu lui en chault ; ce qu'il désire, c'est l'union de toutes les nations, la solidarité, l'amour de tous les humains au lieu de la guerre et de la haine. C'est là un noble idéal, préférer l'humanité à sa patrie, c'est, comme l'a constaté M. Jules Delafosse, avoir une compréhension plus philosophique et plus large de la solidarité. Avec Lessing, je répète : « Je ne comprends pas le patriotisme et ce « sentiment me paraît tout au plus une faiblesse hé-« roïque que j'abandonne très volontiers. »

« Il est, a dit Mably, une vertu supérieure à celle de la patrie, et cette vertu c'est l'amour de l'humanité. » Professons cette vertu et, comme Schiller, agissons comme citoyens du monde, échangeons notre patrie contre le genre humain ; car, ainsi que l'écrivit Renan, on est homme ou fils de Dieu avant d'être Français ou Allemand.